Kai Uwe Ralfs

Ausreden und Anekdoten von Sportschüt-
zen

AF208508

Kai Uwe Ralfs

Ausreden und Anekdoten von Sportschützen

Bibliografische Information der Deutschen Nationalbibliothek: Die Deutsche Nationalbibliothek verzeichnet diese Publikation in der Deutschen Nationalbibliografie; detaillierte bibliografische Daten sind im Internet über http://dnb.dnb.de abrufbar.

Die automatisierte Analyse des Werkes, um daraus Informationen insbesondere über Muster, Trends und Korrelationen gemäß §44b UrhG („Text und Data Mining") zu gewinnen, ist untersagt.

Lektorat: Tanja Ralfs
Korrektorat: Tanja Ralfs

Verlag: BoD · Books on Demand GmbH, Überseering 33, 22297 Hamburg, bod@bod.de

Druck: Libri Plureos GmbH, Friedensallee 273, 22763 Hamburg

ISBN: 978-3-8192-2843-8

Inhaltsverzeichnis

I

Vorwort

Sportschießen ist Präzision, Disziplin und Konzentration – zumindest in der Theorie. In der Praxis sieht es oft ein klein wenig anders aus: Der Schuss war perfekt gezielt, das Korn war gestochen scharf, die Atmung kontrolliert... und trotzdem landet der Treffer meilenweit von der Zehn entfernt. Und genau an diesem Punkt beginnt die hohe Kunst der Sportschützen-Ausrede.

Denn mal ehrlich: Was wären wir ohne die kleinen, kreativen Erklärungen, mit denen wir unsere Ausreißer, Streuschüsse und völligen Aussetzer charmant verpacken? Ob es am Gewehr lag, an der Erdrotation oder an kosmischen Strahlen – ein echter Schütze lässt sich durch Fakten nicht die Pointe verderben.

Viele der hier versammelten Anekdoten stammen tatsächlich aus dem echten Schützenleben – aus Gesprächen auf dem Stand, nach dem Wettkampf oder am Stammtisch. Natürlich sind sie in diesem Buch humorvoll überspitzt dargestellt und mit einem Augenzwinkern zu verstehen. Denn wenn wir ehrlich sind: Der Mensch hinter dem Abzug ist eben manchmal die größte Variable im Präzisionssport.

Bevor nun jemand seine Anwälte bemüht: Die hier geschilderten Anekdoten und eventuell erwähnten „Helden" der Fehlschüsse sind Produkte reiner Fiktion. Sollten zufällig Namen oder Orte auftauchen, so ist dies dem unberechenbaren Spiel des Zufalls geschuldet.

Dieses Buch versammelt originelle, witzige und manchmal erstaunlich plausible Ausreden, warum der Schuss (mal wieder) nicht da gelandet ist, wo er sollte. Es ist eine Hommage an den menschlichen Faktor im Präzisionssport – an das Augenzwinkern nach dem Schuss, das Grinsen im Gesicht und die Geschichten, die auf dem Schießstand erzählt werden, wenn die Ergebnisse nicht stimmen, aber die Stimmung umso besser ist.

Egal ob Anfänger, Vereinsmeister oder Alt-Schütze –
jeder wird sich in der ein oder anderen Ausrede wiederfinden (oder sich heimlich fragen, ob er sie vielleicht selbst schon benutzt hat).

In diesem Sinne: Gut Schuss!
Und wenn's wieder nicht klappt – einfach eine Seite aufschlagen. Die passende Ausrede findet sich bestimmt.

Technik und Ausrüstung

– oder: Wenn die Schraube locker ist, aber nicht am Gewehr

In der Welt des Sportschießens ist das Material bekanntlich mindestens so wichtig wie der Schütze selbst – zumindest, wenn man Ausreden braucht. Ob falsch eingestelltes Diopter, widerspenstiger Abzug oder eine Jacke, die plötzlich zwei Kilo schwerer wirkt – die Ausrüstung ist ein zuverlässiger Sündenbock. In diesem Kapitel gehen wir auf Tauchstation im Waffenschrank, widmen uns heiligen Schraubenziehern und feiern die Kunst, mit viel Technik möglichst wenig zu treffen – aber wenigstens stilvoll.

„Die Munition war aus der falschen Charge – eindeutig Montagsproduktion!"

Günther, ein Schütze von der Sorte,
die ihre Trefferquote gerne im
Promillebereich ansiedelt
(Promille der Abweichung von der Zehn, versteht sich), stand nach seiner Serie mit versteinerter Miene vor der Scheibe. Ein wahres Feuerwerk der Inkonstanz prangte dort,
die Einschläge tanzten wie auf einer
schlecht besuchten Rave-Party.

Sein Standnachbar, der notorisch besser
traf und dessen Augenbrauen nun bedächtig
in Richtung Haaransatz wanderten, wagte
ein leises: "Na, Günther? Nicht dein bester
Tag, was?"

Günther stieß einen tiefen Seufzer aus, der klang, als hätte er gerade die gesamte Weltwirtschaftslage auf seinen Schultern getragen. "Ach, Klaus", begann er mit einer Theatralik, die selbst Shakespeare neidisch gemacht hätte, "es ist diese verdammte Munition!"

Klaus nickte langsam, wissend, dass nun die obligatorische Analyse des Materials folgen würde.

"Ja, die Charge", fuhr Günther fort, seine Stimme nahm einen leicht entrüsteten Unterton an, "eindeutig Montagsproduktion! Man spürt es doch förmlich, wie die Hülsen noch den Kater vom Wochenende in sich tragen. Die Treibladung?

Bestimmt mit links und halb verschlafen dosiert! Und die Geschosse selbst… ich wette, die wurden am Montagmorgen um 7:00 Uhr von Praktikanten gegossen, die eigentlich noch im Bett liegen sollten."

Er deutete mit einer dramatischen Geste auf die löchrige Scheibe. "Schau doch, Klaus! Dieser Schuss hier? Der hat eindeutig eine expressive Ader, wollte wohl mal die Acht von innen sehen. Und der da oben? Der rebelliert gegen die Schwerkraft, typisch für ein Produkt, das in einer motivationslosen Montagsmorgenschicht entstanden ist. Die ballistische Kurve? Eine reine Willkür, da hat sich der Produktionsleiter wohl gedacht: 'Ach, machen wir mal ein bisschen Achterbahnfahrt, ist ja schließlich Montag!'" Günther schüttelte den Kopf, als könnte er die fehlerhaften Produktionsprotokolle förmlich vor sich sehen. "Man sollte wirklich eine Kennzeichnungspflicht für

Montagsmunition einführen! Ein kleines 'M' auf der Packung, damit ehrliche Schützen wie ich nicht länger unter dem Pfusch leidender Werktätiger leiden müssen."

Klaus, der die Vorstellung von müden Munitionsarbeitern und rebellischen Geschossen innerlich amüsant fand, sagte trocken: "Ja, Günther, das wäre in der Tat eine Marktlücke. Vielleicht könntest du ja eine Bürgerinitiative gründen?"

Günther blickte ihn kurz an, schien die Ironie jedoch galant zu übersehen. "Eine ausgezeichnete Idee, Klaus! Das werde ich mir merken. Aber jetzt muss ich erst einmal den Hersteller dieser… dieser *Wochenendauskling-Munition* kontaktieren. Die sollen mal sehen, was sie da angerichtet haben. Mein Ruf als… naja, als jemand, der zumindest *versucht*, die Zehn zu treffen, steht auf dem Spiel!"

Und so zog Günther von dannen, fest davon überzeugt, dass seine miserable Leistung einzig und allein dem Umstand geschuldet war, dass irgendjemand in einer Fabrikhalle an einem Montagmorgen nicht seinen besten Tag hatte. Die Wahrheit – dass sein eigenes Zielen vielleicht auch einen Hauch von "Montagsmotivation" aufwies – blieb dabei elegant unter den Teppich der Ausreden gekehrt. Schließlich, was wäre ein Sportschütze ohne eine gute Geschichte über die widrigen Umstände?

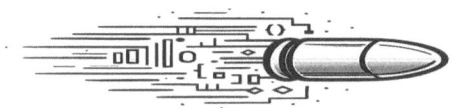

„Mein Gewehr hat ein Eigenleben!"

Neulich auf dem Stand: Ich richte mein Luftgewehr sauber aus, atme ruhig aus, Finger am Abzug – und zack! Der Schuss geht deutlich *neben* die Zehn. Ich starre ungläubig auf den Monitor, drehe mich zum Schützen neben mir und sage:
„Entweder das Ding ist KI-gesteuert und rebelliert – oder mein Gewehr will einfach nicht mehr mit mir zusammenarbeiten."

Er meinte trocken:
„Vielleicht braucht es ein Firmware-Update. Oder eine Paartherapie."

Ich schwöre, das Gewehr hat mich danach vorwurfsvoll angeschaut.

„Mein Diopter war verstellt. Und zwar von Geisterhand."

Manche Schützen behaupten ja, es gebe Dinge, die man nicht erklären kann: plötzliche Windböen auf dem geschlossenen 10-Meter-Stand, Schüsse, die angeblich *von allein* aus dem Lauf gehen – oder eben ein Diopter, der sich *von Geisterhand* verstellt.

So geschehen bei Harald, einem Ehrenmitglied mit jahrzehntelanger Erfahrung, der – laut eigener Aussage – „seit den 80ern jede Zehn persönlich mit Namen kennt". An jenem Sonntag trat Harald wie immer mit gepflegtem Bart, ruhiger Hand und dem Nimbus des Unfehlbaren an Stand 5. Drei Probeschüsse – alles gut. Dann der Wettkampf.

Erster Wertungsschuss: 7 Uhr – eine miese 6.

Zweiter Schuss: diesmal eine 5. Wieder 7 Uhr.

Beim dritten Schuss, einer grandiosen 4, legte Harald das Gewehr nieder, stand auf, riss die Augen weit auf und sagte drama-tisch:

„Mein Diopter… war verstellt. Und zwar von Geisterhand."

Im Hintergrund hörte man, wie Vereinskol-lege Bernd ein Würgen unterdrückte – ent-weder vor Lachen oder wegen seines Bröt-chens mit Fleischsalat.

Der Schießleiter beugte sich langsam vor und fragte mit aufgesetzter Neutralität: „Von *Geisterhand*, Harald?"

„Jawoll! Ich habe ihn heute früh korrekt eingestellt. Und jetzt schieße ich wie ein betrunkener Dachs. Das kann nur übernatürlichen Ursprungs sein!"

Es folgte eine spontane Diskussion über Parapsychologie und ob der *Geist* des verstorbenen Altoberschützen Willi noch im Vereinsheim spukt – schließlich war Stand 5 *sein* Stand gewesen.

Seit diesem Tag hängen an Stand 5 ein kleines Kruzifix, ein Lavendelsäckchen und ein Schild mit der Aufschrift:
„Achtung: Hier verstellt der Geist von Willi gelegentlich das Diopter."

Harald schießt jetzt nur noch auf Stand 3.
Dort ist – laut ihm – die „spirituelle Luft
deutlich ruhiger".

Der Sportsgeist

„Ich glaube, mein Gewehr ist heute im Streik. Wahrscheinlich wegen schlechter Bezahlung."

Es war ein typischer Sonntagmorgen auf dem Schießstand. Die Luft war kühl, der Kaffee lauwarm und der Ehrgeiz wie immer hoch – zumindest bei den anderen. Ich hingegen stand da, das Gewehr fest in der Hand, bereit, eine saubere
Zehn abzuliefern.

Der erste Schuss: Eine klare Sieben.
Der zweite: Eine wackelige Fünf.
Der dritte... ging irgendwo in den Randbereich, den man eigentlich nur zum Heften der Scheibe braucht.

Nach dem vierten Fehlschuss trat ich einen Schritt zurück, blickte mein Gewehr ernst an und sagte laut genug, dass die Neben-stände es hören konnten:

„Ich glaube, mein Gewehr ist heute im Streik. Wahrscheinlich wegen schlechter Bezahlung."

Die Lacher waren mir sicher.

„Der Abzug hat ein Eigenleben entwickelt."

Es war eigentlich ein ganz normaler Wett-kampftag. Ich stehe am Stand, alles läuft nach Plan. Ich atme ein, atme aus, visiere sauber an – und *BÄMM!* Der Schuss geht los, bevor ich überhaupt ans Drücken gedacht habe.

Ich zucke zusammen, schau auf meinen Ab-zug, dann aufs Trefferbild (natürlich jen-seits von Gut und Böse) – und sag laut:
„Okay… **Der Abzug hat ein Eigenleben entwickelt.**"

Der Schütze neben mir kichert und fragt,
ob ich versehentlich den *Selbstschussmodus*
aktiviert habe. Ich antworte trocken:
„Wenn das Ding noch einmal ohne meine Zu-
stimmung feuert, nenn ich es Skynet und
schick's zurück in die Zukunft."

Später beim Auswerten meint ein Betreuer
scherzhaft:
„Dein Gewehr hat heute echt
autonom gehandelt." Ich sag:
„Ja, es war praktisch *Terminator 4 – Die
Rückkehr des Abzugs*. Nur dass ich diesmal
nicht John Connor, sondern das Opfer war."

Und das Beste: Beim nächsten Schuss habe
ich extra leise gesagt:
„*Ich bin dein Schütze. Nicht dein Ziel.*"
Und siehe da – die Zehn.
Man muss heutzutage eben auch mit der
Technik kommunizieren.

„Die Zielscheibe war nicht genormt."

Es begab sich zu einer Zeit, als im beschau-
lichen Schützenby wieder einmal das alljähr-
liche Schützenfest stattfand. Die Aufregung lag in der Luft, die "Lustigen
Deichspatzen" spielten ihre schiefen Mär-
sche, und der Duft von Bratwurst und Frei-
bier erfüllte die Szene. Mittendrin: ein
Schütze namens Jörn, der für seine unkon-
ventionellen Schießkünste bekannt war. Jörn
war ein Mann von Prinzipien, und eines seiner
Prinzipien war, dass alles, was nicht seinen
persönlichen Vorstellungen entsprach, per
Definition "nicht genormt" war.

Das Schießen begann, und Jörn legte an. Er zielte, er atmete tief durch, und er schoss. Das Ergebnis? Ein Schuss, der die Zielscheibe um Längen verfehlte und stattdessen eine Möwe traf, die in einiger Entfernung auf einem Zaunpfahl saß. Die Möwe, sichtlich überrascht, krächzte empört und flog davon.

Jörn senkte sein Gewehr und blickte mit einem Ausdruck tiefster Entrüstung auf die Zielscheibe. "Das ist doch nicht zu fassen!", rief er. "Diese Zielscheibe ist nicht genormt!"

Schützenmeister Petersen, der Mann von der Statur eines Kleiderschranks und der Geduld eines Zen-Meisters, trat näher. Er warf einen Blick auf die Zielscheibe, die in der Tat etwas... eigenartig aussah. Sie war nicht rund, wie es sich für eine ordentliche Zielscheibe gehörte, sondern eher oval, mit einer leichten Tendenz zum Trapez. Außerdem war das Zentrum nicht rot, sondern lila, und die Ringe waren nicht schwarz, sondern in verschiedenen Pastelltönen gehalten.

"Nicht genormt?", fragte Petersen mit einem Anflug von Skepsis in der Stimme.

"Absolut nicht!", beharrte Jörn. "Ich habe in meinem Leben schon viele Zielscheiben gesehen, aber so eine Missgeburt ist mir noch nie untergekommen. Die ist völlig aus der Form! Da kann man nicht treffen!"

Einige der anderen Schützen traten näher, um sich die besagte Zielscheibe genauer anzusehen. Es entwickelte sich eine lebhafte Diskussion über die Normen und Standards von Zielscheiben. Onkel Helmut, der Vereinsälteste, mischte sich mit einem wichtigen Gesichtsausdruck ein. "In meiner Jugend", verkündete er, "waren die Zielscheiben noch aus Holz, und da hat sich niemand über Normen beschwert! Da hat man getroffen, oder man hat nicht getroffen, und fertig!"

Frau Klawitter, die örtliche Tierschutzakti-
vistin, nutzte die Gelegenheit, um darauf
hinzuweisen, dass die Verwendung von Zielscheiben überhaupt eine Verletzung der
Tierrechte darstelle, da sie ja schließlich
das Töten von Tieren simulierten. Petersen
versuchte, die Situation zu beruhigen, indem
er erklärte, dass es sich um eine Attrappe
handele, aber Frau Klawitter ließ sich nicht
besänftigen.

Inmitten des Tumultes tauchte plötzlich der
kleine Timmy auf, das Schützen-Naturta-
lent, der schon am Tag der offenen Tür mit
seiner Treffsicherheit beeindruckt hatte.
Er warf einen Blick auf die "nicht genormte"
Zielscheibe, nahm Jörns Gewehr, legte an,
zielte und traf mit einem Schuss das lila
Zentrum.

Stille. Alle Anwesenden starrten Timmy an, dann auf die Zielscheibe, dann wieder auf Timmy. Jörn stand mit offenem Mund da.

"Tja", sagte Timmy schulterzuckend, "man muss sich halt anpassen."

Die Legende von der nicht genormten Zielscheibe von Schützenby wurde noch lange erzählt. Sie diente als Erinnerung daran, dass es im Leben manchmal wichtiger ist, sich den Gegebenheiten anzupassen, als sich auf Normen und Standards zu versteifen – und dass es immer jemanden gibt, der besser schießt als man selbst, egal wie krumm die Zielscheibe auch sein mag. Und wenn in Schützenby mal wieder jemand eine Ausrede für seine Schießkünste suchte, hieß es nur: "Ach, komm, erzähl uns nicht wieder was von der nicht genormten Zielscheibe!"

„Der Lauf war heute nicht in Stimmung."

Wilhelm, ein Sportschütze mit einem Hang zur Dramatik und einer noch größeren Liebe zu seinem Gewehr (das er liebevoll "Brunhilde II" nannte, sehr zum Leidwesen seiner Frau), kam vom Schießstand zurück. Seine Miene war so finster, dass man hätte meinen können, er hätte gerade erfahren, dass es keine Bratwurst mehr auf dem Vereinsfest gibt.

Seine Schützenkameradin, die stets pragmatische Gisela, beäugte ihn besorgt. "Na, Wilhelm? Was ist los? Hast du etwa die Scheibe verfehlt und stattdessen den Mond getroffen?"

Wilhelm seufzte tief, ein Geräusch, das klang, als würde ein alter Blasebalg seinen letzten Atemzug tun. "Schlimmer, Gisela, schlimmer. Brunhilde II… sie war heute… unpässlich."

Gisela hob eine Augenbraue. "Unpässlich? Hat sie Fieber? Soll ich den Sanitäter holen?"

Wilhelm schüttelte den Kopf. "Nein, nein, kein Fieber im herkömmlichen Sinne. Es ist… der Lauf. Er war heute nicht in Stimmung."

Gisela starrte ihn an, als hätte er gerade verkündet, er habe gelernt, mit Eichhörnchen zu kommunizieren. "Der Lauf… war nicht in Stimmung?"

Wilhelm nickte ernst. "Ja, Gisela. Man spürt das doch. Er war… lustlos. Die Schüsse kamen nicht mit dem gewohnten Elan heraus. Es fehlte das… das Feuer! Die Präzision? Ein Trauerspiel. Die Kugeln schienen zu sagen: 'Ach, schon wieder diese Scheibe? Muss das sein?'"

Er deutete auf seine Scheibe, wo die Treffer aussahen, als hätte ein betrunkener Dartspieler sein Glück versucht. "Schau, dieser Schuss. Völlig ambitionslos. Und der da? Der wollte offensichtlich lieber den linken Rand der Scheibe kennenlernen. Und dieser hier… ich glaube, der hat sich einfach gefragt, was der Sinn des Lebens ist, anstatt ins Schwarze zu fliegen."

Gisela, die normalerweise für ihre trockenen Kommentare bekannt war, rang nach Worten. "Wilhelm… Gewehre haben keine Emotionen. Das ist ein Werkzeug. Ein… ein Ding aus Metall und Holz."

Wilhelm schnaubte. "Das magst du so sehen, Gisela. Aber Brunhilde II ist mehr als das. Sie ist eine… eine Künstlerin! Und Künstler haben nun mal ihre Launen. Vielleicht hat sie schlecht geschlafen. Vielleicht hat sie sich mit dem Putzstock gestritten. Vielleicht hat sie einfach nur einen schlechten Tag."

Er fuhr fort, sein Gewehr zu streicheln, als würde er ein störrisches Pferd beruhigen. "Ich werde sie jetzt in ihren Koffer legen, ihr ein Schlaflied vorspielen und hoffen, dass sie morgen wieder besser gelaunt ist. Vielleicht sollte ich ihr auch ein paar Streicheleinheiten mit dem Öllappen geben. Das hilft manchmal bei Stimmungsschwankungen."

Gisela seufzte innerlich. Sie hatte schon viele Ausreden gehört im Laufe ihrer Zeit im Schützenverein, aber ein Gewehr mit Stimmungsschwankungen war neu. "Verstehe… nun gut, Wilhelm. Dann hoffen wir mal, dass Brunhilde II morgen wieder ihre Muse findet. Und dass ihre Kugeln dann weniger philosophisch sind."

Und so zog Wilhelm von dannen, fest davon überzeugt, dass das Seelenleben seines Gewehrs der Grund für seine miserable Schießleistung war. Gisela schüttelte nur den Kopf und ging zum Stand, um ein paar völlig emotionslose und präzise Schüsse abzugeben.

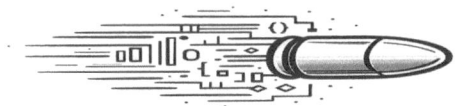

„Der Schaft ist verzogen. Vielleicht wegen der Wetterlage."

Es war ein sonniger, fast schon unverschämter Frühlingstag, als Hubertus, dessen Trefferbild normalerweise eher an ein abstraktes Gemälde erinnerte, mit finsterer Miene vom Schießstand kam. Seine sonst so blumigen Kommentare blieben heute aus, stattdessen inspizierte er sein geliebtes Sportgewehr mit einem Blick, als hätte es ihm gerade die letzte Scheibe Käsekuchen vom Teller stibitzt.

Seine Vereinskollegin, die stets pragmatische Brunhilde, bemerkte seine düstere Stimmung. "Na, Hubertus? Die Sonne scheint, die Vögel zwitschern – was trübt denn deine Laune?"

Hubertus hob das Gewehr hoch, präsentierte es wie ein Beweisstück. "Brunhilde, siehst du das? Fühlst du es?"

Brunhilde runzelte die Stirn und beugte sich vor. "Ich sehe ein Sportgewehr. Und ich fühle… Holz?"

Hubertus seufzte theatralisch. "Eben nicht nur Holz, Brunhilde! Dieses Holz… es leidet! Es reagiert auf die unbeständige Wetterlage! Gestern noch die kühle Abendluft, heute diese fast schon subtropische Wärme… das spannt das Material! Es verzieht sich! Ich sage dir, Brunhilde, mein Schaft tanzt einen ganz eigenen Tango, völlig losgelöst von meinen Bemühungen, ihn ruhig zu halten."

Er deutete auf seine Scheibe, wo die Treffer in einer Art unregelmäßigem Halbkreis angeordnet waren. "Siehst du? Das ist keine Streuung, das ist die meteorologische Krümmung des Schaftes! Jeder Schuss wurde von unsichtbaren Luftströmungen und der thermischen Expansion des Holzes abgelenkt. Es ist fast schon höhere Gewalt!"

Brunhilde betrachtete die Scheibe, dann Hubertus, dann wieder die Scheibe. "Hubertus", sagte sie mit ihrer gewohnt trockenen Stimme, "gestern Abend war es kühl und trocken. Heute ist es warm und trocken. Die Luftfeuchtigkeit ist nahezu identisch. Meinst du wirklich, dein hochpräzises Sportgerät reagiert empfindlicher auf ein paar Grad Celsius Unterschied als eine Primel im Hochsommer?"

Hubertus winkte ab. "Du verstehst das nicht, Brunhilde! Das ist feinfühliges Material! Es spürt die subtilen Veränderungen in der Atmosphäre! Vielleicht weht auch ein Hauch von Föhn aus den Alpen… hier in Schleswig-Holstein! Der Schaft ist im permanenten Dialog mit den Elementen!"

Er fuhr fort, sein Gewehr liebevoll zu streicheln, als wäre es ein kränkelndes Haustier. "Man müsste es eigentlich in einem klimatisierten Raum lagern, nur zum Schießen herausnehmen und danach sofort wieder in Watte packen. Aber nein, es muss der gnadenlosen Witterung trotzen! Und das Ergebnis sehen wir ja." Er deutete erneut auf seine Scheibe, als wäre sie der Schauplatz einer tragischen Naturkatastrophe.

Brunhilde seufzte innerlich. Sie hatte schon Pferde vor der Apotheke kotzen sehen, aber ein Sportgewehr, das unter dem Einfluss imaginärer Föhnwinde litt, war auch neu. "Hubertus", sagte sie schließlich, "hast du vielleicht mal in Erwägung gezogen, dass es... nun ja... an deiner Haltung liegen könnte? Oder am Abzug?"

Hubertus blickte sie empört an. "Meine Haltung? Brunhilde, ich meditiere jeden Morgen, um die perfekte Balance zu finden! Und mein Abzugsfinger ist so trainiert, der könnte eine Feder sanfter berühren als ein Schmetterling. Nein, nein. Es ist der Schaft. Er ist verzogen. Eindeutig eine Folge der Wetterlage. Vielleicht sollte ich mal beim Wetterdienst anrufen und mich beschweren."

Und so zog Hubertus von dannen, überzeugt davon, dass sein unglückliches Schießergebnis eine direkte Folge meteorologischer Kapriolen war. Brunhilde schüttelte nur den Kopf und ging zu ihrem eigenen Stand. Ihr Gewehr schien die Wetterlage in Schleswig-Holstein erstaunlich gut zu ignorieren.

„Ich habe mein Lieblingsvisier vergessen."

Nadine war eine dieser Schützinnen, die jede Kleinigkeit mit einer fast esoterischen Bedeutung belegte. Andere wechselten das Diopter, wenn es kaputt war – Nadine wechselte es, wenn Venus im falschen Haus stand. Und sie hatte ein Visier, das sie „Lieblingsvisier" nannte. Mit rosa Markierung, Glitzersteinchen und dem heiligen Schwur: *„Nur damit schieße ich Zehnen."*

Eines Tages, beim Bezirksvergleichsschie-
ßen, traf Nadine wie gewohnt fünf Minuten
vor knapp ein – mit exakt 17 Taschen Gepäck
und einer Thermoskanne mit Fencheltee,
„für den Fokus". Sie breitete sich auf dem
Stand aus wie eine Bergsteigerin beim Bi-
wak, kramte alles aus… und verstummte
plötzlich.

Man konnte förmlich spüren, wie sich die
Atmosphäre veränderte. Nadine starrte in
ihre Tasche, als wäre darin ein dimensionslo-
ses Schwarzes Loch.

„Oh nein", hauchte sie mit zitternder
Stimme, „ich habe mein *Lieblingsvisier* vergessen."

Totenstille.

„Nicht dein Ernst", murmelte Vereinskollege Timo, der gerade versuchte, sein Gewehr mit Tape zusammenzuhalten, weil die Schraube vom Kornhalter fehlte.

„Doch. Ich kann so nicht schießen. Ohne mein Lieblingsvisier ist meine Energie blockiert."
Sie sagte das in einer Tonlage, als hätte sie ihren linken Arm in der Bahn liegen lassen.

Der Schießleiter versuchte es pragmatisch: „Nimm doch eins von den Ersatzteilen, die sind alle normiert."

Nadine schüttelte nur langsam den Kopf. „Es geht nicht um Normen. Es geht um Vertrauen."

Schließlich schoss sie doch – mit einem Leihvisier und einer Miene wie beim Zahnarztbesuch. Das Ergebnis: ein wackeliger 309er Schnitt, garniert mit einem einzigen Neuner, den sie nach dem Schießen streichelte mit den Worten: „Der war für dich, Liebling – in Gedanken warst du bei mir."

Seither hat ihr Visier einen eigenen Platz im Vereinsheim – in einer kleinen Vitrine, neben einem Duftstein und einem Foto von Nadine beim Meditieren auf dem Stand.

Und jedes Mal, wenn jemand mit schlechter Ausrede kommt, sagt man im Verein nur noch trocken:
„War's das Visier? Oder war Nadines Aura wieder in Schieflage?"

„Jürgens Triumph"
„Oder wie man mit einem Rechtsgewehr König wird."

Es gibt im Schützenverein gewisse Naturgesetze. Zum Beispiel, dass der Kuchen von Irmgard immer als Erster leer ist. Oder dass der Präsi grundsätzlich zu spät kommt, aber dann trotzdem der Erste am Bierstand ist. Und dann gibt es da noch Schützenbruder Jürgen. Ein Mann, der mehr über Gewehre nörgeln kann, als andere über ihre Schwiegermutter.

Jürgen hat ein Problem. Und dieses Problem heißt „Rechtsgewehr". Jürgen ist nämlich Links-Schütze. Also nicht politisch, sondern auf dem Schießstand. Und jedes Mal – wirklich jedes einzelne Mal – wenn Schützenfest ist, klingt es so:

„Also das geht ja gar nicht! Immer nur Rechtsgewehre! Das ist Diskriminierung! Ich fordere Gleichberechtigung für Linkshänder!"

Wir kennen das. Wir lieben ihn trotzdem. Oder gerade deshalb. Denn während wir anderen gemütlich unsere fünf Schuss setzen, hält Jürgen erstmal eine Grundsatzrede über linkshändige Menschenrechte im Schießsport.

Nun kam das letzte Schützenfest. Und – Überraschung – es gab wieder nur Rechtsgewehre. Jürgen nörgelte so laut, dass sogar der DJ in der Festhalle kurz die Musik stoppte. Dann schoss er – wie immer mit schiefem Gesicht und halb akrobatisch verrenktem Oberkörper – seine Serie.

Und dann geschah das Unfassbare.

Jürgen wurde Schützenkönig.

Nicht Zweiter, nicht Ehrenscheibe, nicht Bambi – nein, **König!** Mit Krone, Kette, Kloß im Hals und allem Pipapo.

Wir standen alle da wie festgenagelt. Jürgen selbst auch. Der hatte sich extra schon eine neue Meckerrede zurechtgelegt und war völlig unvorbereitet auf den Thron gestolpert. Er murmelte etwas von „Wahrscheinlich ein Messfehler" und „Ich habe mich nur verkrampft". Aber die 52,8 Ringe logen nicht.

Seither ist Jürgen ruhiger geworden.
Zumindest bis zum nächsten Fest.
Denn wie wir ihn kennen, wird er auch dann wieder sagen:

„Also wenn das *ein Linkshänder-Gewehr* gewesen wäre, hätte ich sicher die **vollkommene Zehn** geschossen!"

„Der Frank-Effekt"
„Zielsicher daneben – Die Hohe Kunst der Vermeidungstreffer"

Es war ein ganz normaler Samstag im Schützenhaus. Die Luft roch nach Kaffee, Waffenöl und gesammelter Hoffnung. Und da war er wieder: unser selbsternannter Präzisionsphilosoph, Schütze Frank.

Frank ist ein Phänomen. Er schießt seit zwanzig Jahren. Und in diesen zwanzig Jahren hat er es geschafft, auf der Scheibe alle Orte zu treffen – außer den Mittelpunkt. Wenn man eine Landkarte daraus machen würde, hätte er ganz Deutschland markiert, aber Berlin wäre weiß geblieben.

Beim letzten Wettkampf war es wieder so weit. Die Scheibe kam zurück, wir lehnten uns vor – und mussten staunen. Kein einziger Schuss in der Mitte. Einer war oben rechts, einer unten links, einer mutmaßlich im benachbarten Landkreis.

Und dann kam sie, Franks Meisterleistung – seine Erklärung.
Er sah uns ernst an, nickte leicht, als hätte er eine höhere Erkenntnis empfangen, und sprach:

„Die Treffer lagen exakt da, wo ich nicht hingezielt habe."

Wir waren sprachlos. Nicht wegen der Leistung – daran waren wir gewöhnt. Aber die Dreistigkeit, das mit einem Tonfall vorzutragen, als hätte er gerade die Relativitätstheorie überarbeitet, war atemberaubend.

„Aha", sagte unser Trainer vorsichtig, „und warum hast du dann nicht *woanders* hinge-zielt?"

Frank, unbeirrt: „Weil ich natürlich wollte, dass die Kugeln mich *überraschen*. Ich ar-beite zurzeit mit dem Prinzip der **bewussten Zielvermeidung**. Sehr modern."

Seitdem nennen wir das intern den **Frank-Effekt**:
Zielen? Wird überbewertet. Hauptsache, man trifft garantiert *nicht das, was man wollte* – aber dafür mit Ansage.

„Der Stand ist schief."

Es gibt im Verein gewisse Konstanten: montags ist Training, freitags gibt's Frikadellen – und wenn ein Schuss daneben geht, sagt Jürgen:

„Der Stand ist schief. Da kann keiner treffen."

Jürgen, Anfang sechzig, Träger des Ehrenabzeichens in Bronze, Silber und Eigenlob, hat schon viele Stände gesehen. In ganz Norddeutschland, sagt er. „Von Kiel bis Kassel – ich kenn sie alle." Und doch, egal wo er antritt, sobald sein erster Schuss nicht exakt mittig sitzt, kommt es: der unvermeidliche Satz mit Grabesstimme.

„Der Stand ist schief."

So auch an jenem berüchtigten Dienstag, als der neue elektronische Zielstand eingeweiht wurde. Hochmodern, wasserwaagengeprüft, mit mehr Technik als Jürgens Golf IV. Die ersten Schützen lieferten tadellose Ergebnisse ab. Dann kam Jürgen.

Er legte an, schoss, sah auf die Anzeige – 7 Uhr, saftige Acht.

Ein Raunen ging durch den Raum.

Jürgen legte das Gewehr ab, sah prüfend die Wand entlang, blickte zur Decke und dann mit zusammengekniffenen Augen auf den Boden, als könne er dort die Antwort lesen.

„War klar", sagte er seufzend. „Der Stand ist schief. Da kann keiner treffen."

„Jürgen", warf Vereinskamerad Klaus trocken ein, „das ist eine Lasermessung. Der Stand ist gerader als deine Steuererklärung."

Jürgen ließ sich nicht beirren. „Technik hin oder her – wenn das Fundament krumm ist, kannst du auch keinen geraden Schuss erwarten. Der Untergrund lebt!"

Später wurde tatsächlich jemand mit einer Wasserwaage geschickt. Nicht um Jürgen recht zu geben, sondern um ihm endlich Ruhe zu verschaffen. Ergebnis: Der Stand hatte eine Abweichung von 0,3 Millimetern – über zehn Meter. Das wäre selbst für ein Pendel der Kategorie „Atomuhr" kein Grund zur Unruhe.

Aber Jürgen blieb dabei.

Seitdem wurde im Verein ein inoffizieller Preis eingeführt: der „Jürgen-Winkel", eine goldene Wasserwaage auf Holzsockel, die jährlich an denjenigen verliehen wird, der die kreativste Ausrede für schlechte Schüsse liefert.

Jürgen gewinnt ihn regelmäßig. Unangefochten. Denn, wie er sagt:

„Ich treffe gut – solange die Welt waagerecht ist."

„Ich habe vergessen, das Gewehr zu loben."

Es war der große Finaltag im Verein. Alle waren nervös, alle waren fokussiert – nur einer stand da mit dem Gesichtsausdruck eines Mannes, der gerade vergessen hat, ob er den Herd ausgemacht hat: unser Schütze Thorsten.

Thorsten ist bekannt für zwei Dinge: seine ordentlichen Schüsse und seine noch ordentlichere Beziehung zu seinem Gewehr. Er nennt sie „Schatzi". Und nein, das ist kein Scherz – er redet mit ihr. Vor jedem Wettkampf, vor jedem Trainingsdurchgang, manchmal sogar beim Putzen. Nicht selten hört man ihn im Vorbereitungsraum Dinge sagen wie:

„Na du Hübsche, heute wieder alles geben, ja? Zeig mir deine Präzision, Baby."

Aber an diesem einen Tag war irgendetwas anders. Die Schüsse waren… sagen wir mal… großzügig gestreut. Die Streukreise erinnerten mehr an moderne Kunst als an Sportschießen. Die Ringzahl ließ sich am besten mit einem Würfel ermitteln.

Wir standen alle ratlos um die Scheibe, und einer fragte vorsichtig:

„Thorsten, was war da denn los? War der Diopter locker? Munition schlecht? Lichtverhältnisse mies?"

Thorsten seufzte. Tief. Theatralisch. Und dann kam die Enthüllung:

„Ich habe vergessen, das Gewehr zu loben."

Stille. Nur die Kaffeemaschine röchelte leise im Hintergrund.

„Normal sag ich ihr vor dem Schießen, wie toll sie ist. Heute nicht. Ich hab's einfach vergessen. Kein Wunder, dass sie beleidigt war. Da macht sie natürlich dicht."

Seitdem wissen wir: Präzision ist keine Frage der Technik
– sondern der **emotionalen Wertschätzung**.

Und falls du mal daneben schießt:
Einfach tief durchatmen, das Gewehr liebevoll anschauen und flüstern:

„Du bist meine schönste Kaliberkönigin."

Wenn das nicht hilft,
war's halt wieder das Licht.

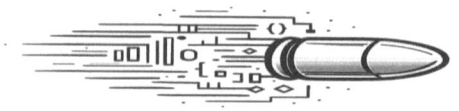

„Das Ringkorn war nicht justiert"

Wenn es einen Schützen im Verein gibt, der immer eine technische Ausrede parat hat, dann ist es Holger.

Treffer im 7er? „Luftzug."

Schuss im Holzrahmen? „Munition war wohl von vorgestern."

Gar kein Schuss auf der Scheibe? „Das war ein Vorhalteschuss für die nächste Serie."

Beim letzten Training, nachdem seine Scheibe aussah wie ein Streuselkuchen mit Schüssen in geometrisch unlösbarer Anordnung, kam Holger mit ernstem Blick auf uns zu. Die Art von Blick, mit der man normalerweise eine Verschwörung aufdeckt.

Er zeigte auf sein Gewehr, als würde dort
gleich ein technisches Wunder offenbart
werden, und sprach:

„Das Ringkorn war nicht justiert."

Oho! Der Klassiker!
Ein Satz, so präzise ausweichend wie seine
Schüsse.
Wir nickten respektvoll, als hätten wir alle
schon mal versehentlich mit schiefem Ring-
korn auf eine völlig andere Galaxie gezielt.

„Nicht justiert?",
fragte unser Trainer trocken.
„War's locker?"
„Nein, es war... emotional nicht ganz im Lot",
murmelte Holger kryptisch.

Wir erfuhren später, dass er am Abend vorher an seinem Gewehr herumgeschraubt hatte. Warum? Weil der Mond im 3. Haus stand, Venus rückläufig war, und ihm das Ringkorn „irgendwie schief geguckt" hatte.

Seitdem ist das Ringkorn offiziell bei uns im Verein als eigene Entität anerkannt – mit Gefühlen, Stimmungsschwankungen und offenbar einem Gerechtigkeitssinn.
Wir überlegen ernsthaft, ihm eine eigene Mitgliedsnummer zu geben.

„Mein Gewehr mag den Schießstand einfach nicht."

Die jährliche Vereinsmeisterschaft im Sportschießen war in vollem Gange. Während die meisten Schützen ruhig ihre Serien absolvierten, kämpfte Dieter mit ungewöhnlichen Umständen.

Nach seiner ersten Serie kam Dieter mit düsterer Miene zurück. "Mein Gewehr… es mag diesen Schießstand einfach nicht!", verkündete er theatralisch.

Sein Freund Karl-Heinz wunderte sich: "Dein Gewehr mag den Schießstand nicht? Liegt es am Ambiente?"

Dieter beteuerte: "Es ist eine Art Schieß-stand-Gewehr-Fehde! Schon beim Betreten spüre ich, wie sich Brunhilde (sein Gewehr) zusammenzieht.
Sie vibriert vor Unbehagen!"

Er deutete auf seine Scheibe mit den unre-gelmäßigen Treffern. "Normalerweise tan-zen meine Kugeln auf der Zehn, aber heute weigern sie sich. Sie rebellieren!"

Karl-Heinz schlug vor: "Vielleicht liegt es an dir? Hast du etwas an deiner Routine geändert?"

Dieter wies dies zurück: "Unsinn, Karl-Heinz. Aber dieser Schießstand hat eine Aura, die Brunhilde missfällt.
Vielleicht liegt es an der Fensterrichtung, der Wandfarbe oder Heinemanns Hightech-Gewehr! Brunhilde ist eifersüchtig!"

Er seufzte und verstaute sein Gewehr. "Ich werde sie jetzt nach Hause bringen,
ihr ein Bad im Waffenöl gönnen und
ihr versichern, dass wir bald wieder auf einem passenderen Schießstand schießen werden. Vielleicht braucht sie einen Waffentherapeuten!"

Karl-Heinz bemerkte kopfschüttelnd: "Ein Waffentherapeut… Hauptsache, er ist zufrieden." Dann wandte er sich wieder seinem eigenen Schießen zu.

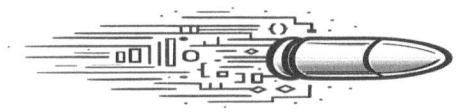

„Das Licht hat gespiegelt."

Als Hermann seinen letzten Schuss abfeuerte und dieser elegant die „5" traf, drehte er sich verärgert zu den anderen um. „Das Licht hat gespiegelt, da war nichts zu machen!", protestierte er energisch. Sein Vereinskollege Peter grinste nur und meinte trocken: „Klar Hermann, das Licht spiegelt immer exakt dann, wenn du gerade schießt. Komisch, dass das bei deinen 10ern nie passiert."

Hermann verschränkte beleidigt die Arme vor der Brust und blickte trotzig auf seine Scheibe. „Na, du bist ja der Richtige, Peter! Erst letzte Woche hast du noch behauptet, deine Munition wäre schuld gewesen, weil du die ganze Zeit 8er geschossen hast!"

„Das war ja auch eine andere Sache", entgegnete Peter lässig und begutachtete dabei seine Fingernägel. „Da hatte tatsächlich jemand die Munition verwechselt, frag ruhig den Karl, der kann's bestätigen!"

Karl, der gerade sein Gewehr reinigte, sah erschrocken hoch und hob abwehrend beide Hände: „Ach, mich haltet bloß da raus. Ich war gerade am Kaffeeautomat, ich habe überhaupt nichts mitbekommen!"

Jetzt mischte sich Erika, die Schatzmeisterin des Vereins, in die Diskussion ein: „Hermann, mach dir nichts draus. Bei mir zieht grundsätzlich immer ein leichter Seitenwind durch die Halle, wenn ich am Schießen bin."

„Aber Erika, wir schießen doch in einer Halle – hier gibt's gar keinen Wind!", lachte Peter.

„Dann erklär mir mal bitte, warum mein Trefferbild aussieht wie eine Windrose!", erwiderte Erika augenzwinkernd.

Plötzlich ertönte von hinten eine tiefe Stimme: „Freunde, ich sag euch mal, was das wahre Problem ist: Wir alle leiden hier an der gefürchteten 'Fünfer-Grippe'. Hochgradig ansteckend, und es gibt leider noch keine Impfung." Das war Günther, der Vereinsälteste, der nun mit gewichtiger Miene auf die Runde blickte.

„Na prima", seufzte Hermann. „Und ich dachte, ich hätte nur ein Problem mit spiegelndem Licht. Aber wenn es jetzt schon offiziell zur Vereinskrankheit erklärt wird, brauche ich mich ja wirklich nicht mehr schämen."

Die Runde brach in Gelächter aus, und Hermann musste trotz seines Ärgers schmunzeln. Schließlich klopfte ihm Peter versöhnlich auf die Schulter: „Kopf hoch, Hermann. Morgen gibt's neue Munition, frisch geputzte Scheiben und garantiert spiegelungsfreies Licht. Dann treffen wir beide sicher wieder in die Mitte... vielleicht."

Hermann grinste zurück: „Na gut, dann schiebe ich meine Fünf heute einfach auf höhere Gewalt und lasse euch alle diesmal noch mit euren Ausreden davonkommen."

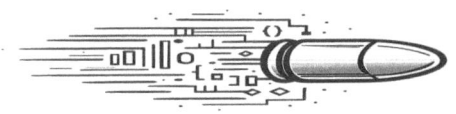

„Der Rückstoß hat mich überrascht."

Oder „der Marvin-Moment"

Beim alljährlichen Vergleichsschießen der Kreisligisten war zum ersten Mal ein Neuzugang aus der Jugendgruppe mit dabei: Marvin, 19 Jahre alt, frischer Sportschütze mit großem Ehrgeiz und noch größerem Selbstbewusstsein. Er hatte sich pünktlich zur Schießsaison selbst zum „Geheimfavoriten" erklärt – zumindest in seiner WhatsApp-Gruppe.

Als er am Vormittag auf dem Stand erschien, war er perfekt ausgerüstet: nagelneue Schießjacke, die noch nach Karton roch, Stirnband in Vereinsfarben, sogar eine eigens bestellte Schießbrille – obwohl niemand so genau wusste, ob er damit überhaupt besser sah. Besonders stolz war Marvin auf die Handschuhe mit eigenem Initialen-Aufdruck.

Vor dem ersten Schuss legte er dramatisch an, wie ein Fernsehschütze beim Weltcup. Atemkontrolle, Standposition, Schulteranschlag – alles aus dem Lehrbuch. Der Schießleiter nickte anerkennend. Dann kam der Moment: Marvin drückte ab.

Ein dumpfer Knall erschütterte die Halle – ungewohnt laut für die Zuschauer hinter der Scheibe, und offensichtlich auch für Marvin. Denn kaum hatte der Schuss das Rohr verlassen, zuckte er so heftig zusammen, dass er den Hocker verfehlte, einen Satz nach hinten machte und unsanft auf der Bodenmatte landete.

Für zwei Sekunden war es mucksmäuschenstill.

Dann sagte einer trocken aus der letzten Reihe:
„Na, der Rückstoß hat ihn wohl überrascht."

Gelächter.

Der Schießleiter schob sich mit einem un-
terdrückten Grinsen zur Seite, um auf den
Bildschirm mit den Ergebnissen zu schauen.
Der Schuss war glasklar auf der 6 – drei
Uhr, sauberer Streifschuss an dem Ringen
vorbei.

Marvin, mittlerweile wieder auf den Beinen,
klopfte sich die Jacke ab, sah in die Runde
und versuchte es mit einem Lächeln:
„Ich dachte ehrlich gesagt, das fühlt sich
an wie beim Luftgewehr…"

Von diesem Tag an wurde jeder unerklärlich tiefe Schuss auf drei Uhr im Verein nicht mehr analysiert – sondern kommentarlos als *Marvin-Moment* vermerkt. Selbst der Trainer schrieb später auf den Auswertungsbogen nur ein lakonisches „MM" und alle wussten, was gemeint war.

Und Marvin? Der kam in der nächsten Woche wieder – mit einem kleinen Kissen für den Hocker und der festen Überzeugung, den Rückstoß diesmal kommen zu sehen.

„Zuviel Stress auf der Arbeit."
„Burnout auf der Schießlinie – Wenn der Chef mitschießt"

Frank hatte wieder mal einen dieser Tage. Seine Augenringe waren tiefer als das Trefferbild seines letzten Wettkampfs. Er schleppte sich mit einer Mischung aus Selbstmitleid und koffeingestützter Hoffnung zum Schießstand – bereit, sich ein bisschen abzureagieren.

Aber der Schießstand ist eben kein Boxsack.

Er legte an, atmete durch, schoss – und traf... irgendwo. Vielleicht auf der Scheibe. Vielleicht auch auf der psychologischen Ebene. Wer weiß das schon so genau.

Nach der Serie, bei der man dachte, seine Diopter-Einstellung sei durch einen Presslufthammer ersetzt worden, kam die unvermeidliche Frage:

„Frank, was war da denn los? Deine Streukreise haben heute mehr Fläche als der Parkplatz vorm Aldi!"

Er antwortete mit leerem Blick und einer Stimme, die direkt aus dem Burnout-Kalender stammen könnte:

„Zuviel Stress auf der Arbeit."

Ah. Die Universalentschuldigung. Der Joker der Ausreden. Die rhetorische schusssichere Weste.

Plötzlich war alles verständlich: Der Chef hatte ihm die Konzentration geraubt, das Projektmeeting seine innere Mitte, die Deadline seinen Streukreis – ja, das ist alles ganz logisch. Sogar das Wildschwein, das zufällig durchs Bild lief, war vermutlich ein Sinnbild für seinen Abteilungsleiter.

Seitdem ist klar: Frank braucht keine neue Munition – er braucht eine Gehaltserhöhung, zwei Wochen Urlaub und eine ergonomische Maus.
Und wir? Wir schreiben auf die Liste der Ausreden:
„Zuviel Stress auf der Arbeit – und das Gewehr weiß es auch."

„Ich hatte einen Luftzug – ganz klar spürbar!"

Die Luftdruckhalle des Schützenvereins „Eichenlaub" war normalerweise ein Ort absoluter Ruhe und Konzentration, an dem man fast das Summen einer Fliege hätte hören können. Doch heute durchbrach Wilhelm diese friedliche Atmosphäre mit einer besonders blumigen und lebhaften Erklärung seiner schlechten Schüsse.

"Ich war heute mit einer unsichtbaren Macht konfrontiert!", verkündete er mit einer dramatischen Geste. "Dem unberechenbaren und tückischen Luftzug!" Seine Stimme hallte durch die Halle und sorgte dafür, dass die anderen Schützen neugierig aufblickten.

Der Vereinsvorsitzende, skeptisch und stets auf Fakten bedacht, hob eine Augenbraue und fragte trocken: "Ein Luftzug? In einer geschlossenen Halle, Wilhelm?"

Wilhelm, entschlossen seine Theorie zu verteidigen, breitete die Arme aus und erklärte eindringlich: "Es handelte sich hierbei um ein außergewöhnliches, mikroklimatisches Phänomen! Ein subtiler Wirbelwind, zweifellos von den launischen Göttern des Schießsports persönlich gesandt, um meine Geduld und Konzentration zu prüfen!" Dabei deutete er auf seine Schießscheibe, die von ungewöhnlichen Treffern gezeichnet war. "Eine Böe erschien plötzlich aus dem Nichts! Ein unsichtbarer Sog, der unweigerlich meine Kugel nach links abdriften ließ!"

Ein neuer Schütze, der noch nicht lange Mitglied im Verein war und die Dynamik dieser Diskussionen nicht gewohnt war, meldete sich zögerlich zu Wort: "Aber Wilhelm, die Halle ist komplett geschlossen und sogar die Lüftung ausgeschaltet. Woher sollte da ein Luftzug kommen?"

Wilhelm jedoch ließ sich von solchen rationalen Argumenten keinesfalls beeindrucken. Er antwortete ruhig, aber bestimmt: "Die Luft, mein lieber Freund, ist niemals vollkommen statisch! Sie ist vielmehr durchzogen von unsichtbaren, mysteriösen Strömungen, die gelegentlich mit unseren Kugeln Schabernack treiben."

Um seine Theorie zu untermauern und zukünftige Missgeschicke zu vermeiden, kündigte Wilhelm feierlich an, meditative Atemübungen zu praktizieren und sogar Räucherstäbchen mitzubringen, um die launische Atmosphäre in der Halle
zu besänftigen.

Der Oberschützenmeister, der im Laufe seiner Amtszeit schon die eine oder andere skurrile Erklärung gehört hatte, konnte sich ein leichtes Schmunzeln nicht verkneifen. "Dann wünsche ich dir viel Erfolg bei deiner spirituellen Auseinandersetzung mit dem Wind", sagte er mit einem ironischen Unterton, bevor er humorvoll ergänzte: "Vielleicht sollten wir für die nächste Saison direkt einen Faraday-Käfig installieren, um alle äußeren und übernatürlichen Störungen auszuschließen."

Wilhelm nickte ernsthaft, offenbar die Ironie völlig ignorierend, und begann sofort damit, seine nächsten spirituellen Maßnahmen zu planen. Die anderen Schützen tauschten amüsierte Blicke aus, ahnend, dass es noch viele weitere spannende Ausreden und Geschichten von Wilhelm geben würde.

„Der Mann mit der Wasserwaage"

Der Mittwoch war ruhig. Zu ruhig. Horst, der Mann, dessen Gesichtsausdruck selbst beim Gewinn eines Hauptpreises bei der Tombola – sagen wir, einem lebenslangen Vorrat an Knäckebrot – nicht von einem leichten Unbehagen abwich, nippte an seinem Kaffee, als würde er ein hochgiftiges Elixier zu sich nehmen, das jeden Moment seine Geschmacksknospen beleidigen könnte. Gerda, die Frau, die ihr Diopter liebevoller behandelte als ihren Ehemann (was dieser mit stoischer Gelassenheit ertrug, da er selbst ein Faible für seine Sammlung von Zielscheiben-Devotionalien hatte), polierte es mit einer Hingabe, die an religiöse Verehrung grenzte. Sie hauchte es an, rieb es mit einem winzigen Stück feinsten Chamoisleders ab und hielt es dann gegen das Licht, um sicherzustellen, dass nicht das kleinste Staubkorn ihre Sicht trübte. Und ich, ich hatte gerade meine neue Schießjacke entknittert – ein Akt, der normalerweise mit dem gleichen Enthusiasmus vollzogen wurde wie das Auspacken eines brandneuen Sportwagens, inklusive des genüsslichen Einatmens des charakteristischen "Neuwagen"-Geruchs (in diesem Fall eher ein Hauch von Lagerfeuer und Mottenkugeln) – da kam ER.

„Wer ist das?", fragte ich leise, meine Stimme kaum mehr als ein Flüstern, als hätte ich Angst, das fragile Gleichgewicht der Mittwochsruhe zu stören, die sich wie eine unsichtbare Glocke über den Schieß-stand gelegt hatte.

Horst, dessen Blick normalerweise starr auf die Zielscheibe gerichtet war, als würde er versuchen, diese durch bloße Willenskraft zu bezwingen oder sie zumindest dazu zu bringen, ihm endlich eine verdammte Zehn zu bescheren, warf einen verstohlenen Blick zur Tür. Seine Augen weiteten sich leicht, ein Anzeichen von Aufregung, das man bei ihm sonst nur beim Anblick eines perfekt justierten Gewehrs wahrnahm – oder wenn der Bäcker ausnahmsweise mal wieder seine geliebten Rosinenschnecken im Angebot hatte. „Das ist Siegfried", murmelte er ehrfürchtig, als würde er über einen legendären Helden oder ein seltenes Naturphänomen sprechen. „Sie nennen ihn den ‚Kalibrierten'."

Siegfried, Mitte 60, drahtig wie ein asketischer Mönch, der sich von nichts als klarer Bergluft und dem Geruch von Waffenöl zu ernähren schien, und glattrasiert wie ein High-End-Rasierer, dessen Werbeslogan "So glatt, da kannst du dich drin spiegeln" direkt auf ihn zugeschnitten sein könnte, betrat den Schießstand, als gehöre ihm der gesamte Laden. Seine Bewegungen waren von einer Präzision, die an einen Roboter erinnerte, und seine Ausstrahlung hatte etwas von einem Guru, der gerade von einem mehrjährigen Aufenthalt in einem Schießsport-Kloster in den Tiefen des Schwarzwaldes zurückgekehrt war, wo er sich in die Geheimnisse der Zielscheibenbeherrschung eingeweiht hatte. Unter dem Arm trug er ein Gewehr, das aussah wie ein Science-Fiction-Prototyp, eine Mischung aus Hightech-Waffe und Kunstwerk, mit so vielen Knöpfen, Rädchen und Displays, dass man vermuten konnte, es würde sich jeden Moment in einen Transformer verwandeln und den Schießstand in ein Schlachtfeld verwandeln. An seiner Mütze war eine digitale Wasserwaage montiert. Ich schwöre es. Eine *digitale* Wasserwaage! Wer zum Teufel braucht eine digitale Wasserwaage auf einer Mütze? War das ein Statussymbol? Ein Hilfsmittel für Präzisions-Selfies? Wir wussten es nicht.

„Stehend aufgelegt ist keine Disziplin, meine Herren, meine Damen, es ist eine Wissenschaft", verkündete er zur Begrüßung, seine Stimme hallte in dem ansonsten stillen Raum wider und ließ sogar die Staubpartikel in der Luft erzittern. Niemand hatte ihn etwas gefragt, aber seine Worte schienen eine unbestreitbare Wahrheit darzustellen, ein Axiom des Schießsports, das wir alle bisher übersehen hatten. Er sprach mit einer Überzeugung, die keinen Widerspruch duldete, als würde er eine Offenbarung verkünden, die das Schießen, wie wir es kannten, für immer verändern würde.

Er nahm Stand 2 ein. Kaum lag sein Gewehr auf der Auflage, die er mit einem kleinen, ausklappbaren Samttuch vor Kratzern schützte (ein Samttuch! Wer benutzt schon ein Samttuch für eine Gewehrauflage?), fuhr er eine App auf seinem Handy hoch. Das Display leuchtete auf und begann, Daten anzuzeigen, die für uns Normalsterbliche wie Hieroglyphen aussahen, eine Mischung aus Diagrammen, Zahlen und kryptischen Symbolen, die an die Steuerung eines Atomkraftwerks erinnerten. Dann synchronisierte sich das Handy drahtlos mit dem Gewehr. Ich erkannte den Ladebildschirm: „SmartTrigger Pro". Ich hatte davon gehört.

Eine Software, die angeblich den Schuss perfektionieren sollte, indem sie kleinste Abweichungen ausglich und den idealen Zeitpunkt zum Abdrücken berechnete. Eine Art Schießsport-Autopilot. Eigentlich verboten, zumindest bei offiziellen Wettbewerben, aber niemand wagte es, ihn darauf anzusprechen. Man spürte, dass Siegfried über den Dingen stand, über den Regeln, über der Normalität. Er war eine Art Schießsport-Anarchist, ein Rebell der Zehntelwertung. Nur Gerda, die Frau, die für ihre direkte Art und ihre Fähigkeit, selbst dem Schützenmeister die Stirn zu bieten (und ihn in einem legendären Armdrückwettkampf beim Sommerfest zu besiegen), bekannt war, wagte es, die Stille zu durchbrechen.

„Das zählt nicht, Siegfried, wenn dein Handy besser schießt als du", murmelte sie, ihre Stimme war leise, aber deutlich vernehmbar. Sie sagte es nicht provokant, sondern eher mit einem resignierten Unterton, als würde sie eine längst bekannte Wahrheit aussprechen, die sie schon immer geahnt hatte: Dass die Technologie eines Tages die reinen menschlichen Fähigkeiten im Schießsport überflüssig machen würde.

Das Duell der Prinzipien

Siegfried war nicht hier zum Reden. Er war hier, um zu dominieren. Und das tat er. 100 nach der ersten Serie. Dann noch einmal 100. Ich schwankte zwischen Faszination und allergischer Reaktion.

Horst beobachtete alles in Stille. Dann sagte er: „Wettkampf nächsten Monat. Vereinsintern. 30 Schuss. Stehend aufgelegt. Wer traut sich gegen den Kalibrierten?"

Ich hob die Hand. Keine Ahnung warum. Reflex. Vielleicht war es der Kaffee. Vielleicht Wahnsinn. Vielleicht beides.

Siegfried blickte zu mir. „Du? Gegen mich? Mit DER Waffe?"

Ich nickte. „Mit Herz und Handschuh."

Training unter Hochdruck

Die folgenden Wochen trainierte ich wie besessen. Morgens, abends, heimlich im Keller, mit einem Luftgewehr ohne Diopter, weil meine Frau beim Einschlafen keine Klackgeräusche mehr ertrug. Ich meditiere, ich las über Atemrhythmus und Zielbilder, ich sortierte meine Kekse nach symmetrischer Lochverteilung.

Gerda coachte mich. Horst stellte mir ein altes, aber perfektes Korn ein. Klaus filmte meine Haltung und kommentierte sie wie ein Skisprungtrainer. Es wurde ernst.

Der Wettkampftag

Das Vereinsheim platzte aus allen Nähten. Alle wollten das Duell sehen. Der Zen-Schütze gegen den Kalibrierten. Herz gegen Hardware.

Siegfried erschien mit Gewehr, Stativ, Handy, Zweitakku, Notfall-Stabilisator. Ich brachte Butterkekse.

Die Regeln waren klar: 30 Schuss, 10er-Ringwertung. Keine technischen Hilfen über die Grundausstattung hinaus. Horst persönlich überprüfte unsere Ausrüstung.

„Was ist das?", fragte er bei Siegfrieds Griff.

„Ein Griff-Heizungssystem mit Temperaturausgleich."

„Raus damit."

Der Saal lachte. Leicht.

Die erste Serie

Siegfried schoss wie ein Uhrwerk. 10,6. 10,8. 10,9. Ich schoss 10,4. Dann eine 10,3. Dann eine 9,9. Mist.

Doch ich blieb ruhig. Ich atmete. Ich erinnerte mich an Gerdas Worte: „Wenn du zu sehr willst, verkrampfst du."

Zweite Serie. Ich fand den Flow. 10,5. 10,7. 10,7. 10,9. Ein leises „Yes" entfuhr mir. Das Publikum klatschte verhalten.
Sogar Horst lächelte.

Siegfried schoss weiter 10er, aber er begann, sich umzuschauen. Kontrollierte den Boden. Die Auflage. Die Wasserwaage.
Er suchte die Schuld.

Finale mit Feinkorn

Letzte Serie. Es stand fast gleich. Sieg oder Niederlage lag in den letzten drei Schüssen.

Ich schoss eine 10,6. Siegfried eine 10,8.

Ich legte an. Atmete. Spürte die Ruhe.

10,7.

Siegfried trat ans Gewehr, fummelte an seinem Griff, murmelte etwas von „Bluetooth-Störung".

10,1.

Ein Murmeln ging durch den Raum.

Letzter Schuss. Ich schloss die Augen, spürte den Druckpunkt, und ließ los.

10,8.

Siegfried schoss 9,9.

Ich hatte gewonnen. Mit einem alten Diopter und einem halben Butterkeks im Magen.

Nachklapp mit Kaffee

Siegfried reichte mir die Hand. „War knapp. Aber gut geschossen."

Ich nickte. „Vielleicht lag's am Kaffee."

Gerda reichte ihm einen Becher. „Probier' mal den hier. Der entkalkt auch die Seele."

Seitdem trainieren wir manchmal zusammen. Ich mit Herz. Er mit Hardware. Und manchmal, ganz selten, lacht er sogar.

Denn am Ende sind wir alle nur Schützen. Und jemand muss ja auch die Kekse essen.

Nachwort

Liebe Schützenfreunde,

jede Disziplin, jeder Wettbewerb und jeder einzelne Schuss hat seine ganz eigene Geschichte – und natürlich auch seine ganz eigenen Ausreden. Denn seien wir ehrlich, wer hat nicht schon einmal seine Treffer mit schlechter Beleuchtung, mysteriösen Windböen oder unzuverlässiger Munition erklärt? Dieses Buch entstand genau aus diesen kleinen Momenten des Sports, in denen der Humor uns über kleinere und größere Missgeschicke hinwegtröstet.

Es ist nicht nur eine Sammlung von Ausreden, sondern auch ein kleines Dankeschön an alle Vereinskollegen, Freunde und Mitstreiter, die uns Woche für Woche begleiten, unterstützen und gelegentlich auch augenzwinkernd auf den Boden der Tatsachen zurückholen.

In diesem Sinne wünsche ich euch weiterhin viel Freude beim Sportschießen, treffsichere Momente und stets eine gute Ausrede parat – falls es doch einmal nicht ganz in die Mitte geht.

Gut Schuss und viel Vergnügen!

Euer Kai Ralfs